AF452821

DE LA MUSIQUE

DISCOURS PRONONCÉ

par le Comte de FALLOUX

DE L'ACADÉMIE FRANÇAISE

A LA DISTRIBUTION DES PRIX

DE L'INSTITUTION DE COMBRÉE

Le 27 Juillet 1865.

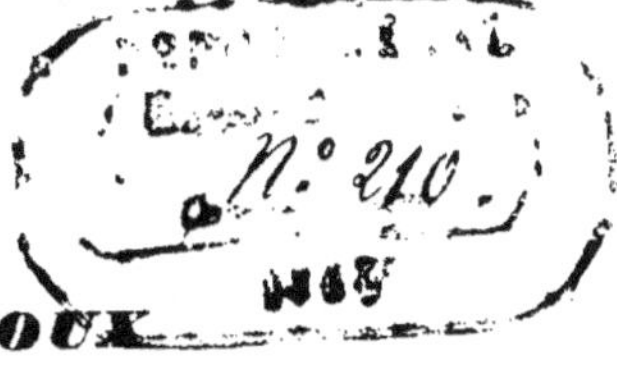

SEGRÉ

IMPRIMERIE-LIBRAIRIE DE V. GÉRARD.

—

1866

A MESSIEURS LES MUSICIENS

DE SEGRÉ

et

DE L'HÔTELLERIE

Hommage reconnaissant.

LE PRÉSIDENT DU COMICE AGRICOLE

A. DE FALLOUX.

DE LA MUSIQUE

Messeigneurs*,
Messieurs,

Un grand saint, qui avait aimé toutes les illusions de la terre avant de s'attacher à toutes les vérités du ciel, dont la parole fait autorité pour tous les genres d'intelligences, parce qu'il avait appris de nos passions mêmes à les juger et à les combattre, saint Augustin, a dit : Il faut que nos plaisirs contribuent aussi au bon ordre de l'âme, *Delectatio ordinet animam ;* ce qu'on pourrait encore traduire de cette fa-

* Mgr Angebault, évêque d'Angers; Mgr Sohier, évêque de Hué en Cochinchine.

çon : Il ne faut pas que le désordre de deux mois de vacances contredise et compromette l'ordre de dix mois d'études ; il ne faut pas briser l'alliance étroite des grands travaux et des nobles plaisirs, alliance qui doit demeurer indissoluble et que personne n'a jamais brisée impunément.

Mais quels sont donc ces plaisirs que j'oserai me permettre de vous conseiller ? Pour moi, mon choix est déjà fait d'ancienne date, et je m'y suis confirmé chaque fois que j'ai entendu vos chants et votre orchestre. Ce que je vous apporte donc, messieurs, c'est une apologie ardente et convaincue, l'apologie de la musique, de la musique, non-seulement comme l'un de nos délassements les plus doux, mais comme un instrument efficace et puissant de moralisation pour l'individu, de civilisation pour les peuples. Peut-être cependant aurais-je hésité devant cette thèse, peut-être aurais-je craint qu'elle ne parût pas conforme à l'imposante

gravité de cette assemblée, si je n'avais mémoire d'un mandement de notre vénéré Évêque,
dans lequel, avec une rare intelligence des
besoins de notre esprit et un zèle inépuisable
pour la consolation de nos cœurs, il trace à
grands traits l'histoire de la musique à travers
toutes les phases de la destinée humaine*. Il
nous apprend que le premier accord des instruments fut contemporain de Jubal, le petit fils
de Caïn, que j'aime mieux en cette occasion
nommer le petit-neveu d'Abel. Il nous montre
l'inspiration musicale s'unissant à l'inspiration
divine dans les psaumes du roi David, dans les
solennités de Moïse, dans les prophéties de Joad
accompagnées par les harpes d'Israël avant
d'être répétées sur la lyre de Racine. Il nous
montre ensuite la musique s'introduisant dans
les institutions nationales, protégée par Charle-

* Lettre pastorale de l'évêque d'Angers sur le chant
religieux, du 10 avril 1858.

magne, consacrée par saint Grégoire et par saint Ambroise, faisant couler de salutaires larmes des yeux du futur évêque d'Hippone, prenant place dans les délibérations du concile de Trente, occupant la sollicitude du grand évêque de Meaux et devenant enfin populaire dans notre siècle, grâce aux ingénieuses méthodes et à l'admirable dévouement de M. Choron.

Et en effet, messieurs, l'Église ne s'est pas plus trompée sur la musique que sur les autres auxiliaires appelés par elle à concourir au culte chrétien. La musique est bien réellement la langue spiritualiste par excellence , la langue qui éveille et qui résume nos instincts les plus élevés, et dont l'action propre est de faire prévaloir les penchants délicats sur les penchants vulgaires. Bossuet, qui a tout dit, a dit un jour: « Je sens mon cœur plus grand que le monde. » Eh bien ! messieurs, le plus humble d'entre nous a pu dire aussi, à certaines heures de sa vie : Je sens mon imagination, ma pensée plus grande que toutes les langues humaines. Et cela est vrai : quelle que soit la puissance du langage, sa précision même lui sert de limites et les règles fixes auxquelles il est assujetti lui tracent en même temps d'infranchissables frontières. Mais là où commence le domaine de l'indéfini et de l'infini, là commence le règne, le charme, la magie de cette langue des sons qu'on appelle la musique. Ces élans de l'enthousiasme et ces abattements de la douleur, ces troubles intimes, ces cris inarticulés du cœur quand la passion surabonde, ces extrêmes joies et ces suprêmes gémissements, qui tour-à-tour dilatent l'âme, l'oppressent, la soulèvent et menacent de la faire éclater si elle ne les répand au dehors, trouvent dans la musique une issue, une expansion, une sphère sans bornes pour les recevoir et leur ouvrir libre carrière, un organe idéal pour les interpréter, en deviner jusqu'aux moindres nuances, et nous les restituer ensuite épurés, calmés, transformés. Telle lutte intérieure, qui n'attendait qu'un dernier effort de courage, s'est terminée dans cette région intermédiaire entre la terre et le ciel, et, là où on ne cherchait que le plaisir de l'esprit, la conscience, brisant ses liens, s'est sentie tout-à-coup victorieuse et libre.

La musique a particulièrement deux priviléges qui lui appartiennent en propre.

Elle est d'abord la seule langue véritablement universelle. Universelle dans le temps : l'antiquité et les âges modernes lui ont payé le même tribut. Le paganisme lui assignait un rang illustre dans l'Olympe. Orphée apaisant les Enfers, Amphion soumettant les pierres à sa voix n'étaient autre chose que la fiction se mêlant à la réalité et la fable prêtant ses symboles à l'histoire. Universelle dans l'espace : la même mélodie est comprise à la fois par un public d'élite et par une foule réunie au hasard; comprise à la fois à Paris, à Pétersbourg, à Londres ; comprise en même temps, goûtée, émouvante au même degré, quelquefois à un plus haut degré encore sous la cahute des Esquimaux et chez les peuplades sauvages. Personne n'a oublié le rôle de la musique dans cette république trop rapidement évanouie du Paraguay, et M. de Châteaubriant, décrivant l'apparition du christianisme en Amérique, a dit : « L'Iroquois, qui n'avait point cédé à ses dogmes, a cédé à ses concerts*. »

Le second privilége exclusif dont je fais honneur à ma cause est plus important encore et le voici : la musique est la seule langue dans laquelle on ne puisse pas écrire de mauvais livres, et qui ne laisse jamais dans la mémoire une image dangereuse. Dieu me garde de vou-

---

* Mgr Sohier a bien voulu, après ce discours, me citer sa propre expérience en Cochinchine. Les naturels du pays ayant fait disparaître dans un incendie tous ses instruments de musique, Précigné, sa ville natale, comprit quelle était pour lui la grandeur de cette perte et les lui rendit par un don volontaire. Un bénédictin

loir immoler les autres arts à un seul ! Assurément la sculpture et la peinture ont rendu dans
le passé et rendent encore d'incalculables servi-
ces à l'amour du beau et du bien. l'Église et la
foi leur doivent une éternelle reconnaissance et
je serais fort heureux de pressentir parmi vous
des Raphaël et des Canova. Mais cependant, il
faut bien l'avouer, le peintre et le sculpteur
peuvent par eux-mêmes, sans aucun agent
étranger, provoquer et graver dans notre sou-
venir des émotions licencieuses aussi bien que
faire revivre les scènes les plus pures de la Bible
et de l'Évangile ; ils peuvent ou fortifier l'âme
ou accélérer sa dépravation. Le pinçeau et le
ciseau se prêteront avec la même docilité aux

de Solesmes, ancien professeur à Combrée, voulut
bien me rappeler aussi que dans les *Lettres édifiantes*
on voit les missionnaires demander à leurs compa-
triotes de l'Europe l'envoi de morceaux des plus grands
maîtres, comme étant les mieux appréciés par les peuplades sauvages qu'ils commençaient à catéchiser.

intentions les plus contraires, tandis que l'archet livré à lui-même, à lui seul, répugne et se refuse à toute inspiration matérialiste. Il ne s'adresse qu'à l'âme ou il se tait.

Quelques·uns cependant m'arrêteront peut-être pour me dire : Prenez garde ; vous touchez à l'exagération ; nous vous accorderons que la musique peut faire quelquefois du bien, mais vous devez nous accorder qu'elle fera très-souvent du mal. Eh bien ! non, messieurs, je ne l'accorde pas. Je sais que Boileau, le sage Boileau, l'oracle du bon sens et du bon goût, a signalé ces lieux communs d'immoralité

> Que Lulli réchauffa des sons de sa musique.

On ne remarque pas assez que la condamnation de Boileau porte sur les ballets et les intermèdes de son temps, et qu'alors la musique doit cesser d'être responsable de tout le cortége qui l'accompagne. J'insiste sur cette distinction, parce qu'elle est capitale au point de vue de la

vérité et de l'équité. Je vous demande même à
ce sujet la permission de vous raconter une
histoire, et, si vous souriez en remarquant que
je ne vous ai jamais adressé un discours sans y
mêler un apologue, je m'en vais vous confier un
secret qui pourra vous être utile à vous-mêmes
en plus d'une occasion. Une histoire est une
grande ressource pour un improvisateur embar-
rassé. Elle fait l'office d'un banc placé au
milieu d'une longue avenue, qui permet de se
reposer un peu et de jeter un coup d'œil plus
calme sur l'espace qui reste encore à parcourir.
En outre, une histoire sert excellemment à
dessiner plus nettement ce que l'on veut dire.
Un jour donc, deux voyageurs se rencontrèrent
dans un désert brûlant. L'un était bien monté,
bien équipé et bien pourvu; l'autre, à pied,
épuisé par la fatigue, la faim et la soif. Il implo-
ra secours et l'obtint. Puis, une fois rassasié, il
se met à dire à son bienfaiteur : « Je veux à
mon tour vous rendre un service. Je suis la

Peste, je me rends à Smyrne, je vais y exercer de grands ravages. Y avez-vous des parents ou des amis? Je vous promets de les épargner. — Grand merci, répond le voyageur bienfaisant. Je suis né à Smyrne; toute ma famille y habite; mes amis y sont nombreux; » et il les lui recommanda tous nominativement. A quelque temps de là, les deux voyageurs se rencontrent encore, et le bienfaiteur s'écrie : « Ah ! misérable Peste, combien tu m'as trompé ! J'ai revu Smyrne dans le deuil, et ma désolation est au comble. Pas un seul de ceux que j'aimais n'a survécu. » Mais la peste, sans se troubler, et avec l'accent de la plus véridique innocence, répliqua : « Tu m'accuses bien injustement ; j'ai tenu parole avec une scrupuleuse fidélité. Sur les dix mille personnes qui viennent de disparaître, j'en ai tué mille ; la Peur a tué le reste. »

Je dis à mon tour à ceux qui accusent la musique : Regardez-y de plus près ; c'est elle qui conseille le bien, c'est le drame ou la danse qui fait le mal. Et cette distinction, on a maintes fois l'occasion de la renouveler dans le monde. Maintes fois il arrive que là où nous n'apercevons qu'un mobile, il en existe deux; maintes fois il arrive que derrière le coupable apparent se trouvent des compagnons invisibles plus pernicieux et plus actifs.

Quant à ce qui concerne la musique, prenez-la dans son acception exacte, dans son unité absolue, c'est-à-dire sans paroles provocatrices, sans accessoires habilement calculés pour séduire; prenez la *Création* d'Haydn, la *Symphonie pastorale* de Beethoven, l'ouverture de *Sémiramis*, ou confiez à des instruments seuls les plus belles scènes d'opéras depuis Lulli jusqu'à Meyerbeer, et vous obtiendrez sur l'âme des impressions, des émotions aussi salutaires, aussi vivifiantes qu'avec les morceaux les plus religieux de Palestrina, de Pergolèse ou de Mozart.

L'humanité tout entière est là pour rendre

témoignagne, et il n'existe pas un grand senti-
ment, je serais tenté de dire une grande fonction,
que les hommes ne confient à la musique.

L'amour de la patrie est assurément au
premier rang des nobles passions qui font battre
notre cœur, et tout peuple qui porte un nom se
personifie dans un hymne national. Le patriotisme reconnaît et salue ce chant partout où il
peut l'entendre : c'est le drapeau parlant et
faisant vibrer dans l'air, à côté de ses couleurs,
une éloquence irrésistible. Qui n'a été attendri
à cet admirable cantique des Hébreux : *Super
flumina Babylonis?* Que de scènes touchantes
quand un écho lointain de la Suisse ou du Tyrol
venait surprendre tout-à-coup le montagnard
enrôlé sur la terre étrangère ! En France les
Anglais fidèles aux Stuarts fondaient en larmes,
lorsque, dans la chapelle de Saint-Germain ou
à une représentation de Saint-Cyr, le *God save
the king* accueillait leur mornarque proscrit.
Un air de **Richard Cœur de Lion** est devenu

un événement historique ; l'exaltation qu'avaient soulevée à Versailles quelques notes de Grétry, allumant la fureur dans Paris, servit de cause ou de prétexte au journées d'octobre, et l'on a trop connu durant la Terreur la puissance de chants héroïques usurpée par des bourreaux.

Comment la musique ne serait-elle pas une langue supérieure à toutes les autres, puisqu'elle semble comme l'expression préférée et l'interprète naturel de tous les élans supérieurs à la nature humaine ? S'il y a quelque chose d'inexplicable en ce monde, l'égoïsme habituel de l'homme étant donné, c'est le dévouement du soldat acceptant résolûment un ministère qu'il n'a pas choisi, immolant sa volonté avant de sacrifier sa vie, et n'admettant ni une réserve ni un refus quand on lui dit : L'honneur le veut ! Et ce langage de l'honneur, cet appel souverain du patriotisme, qui le fait entendre à l'heure décisive ? La musique. C'est elle qui lui dit : La mort est là ; il faut la donner ou la recevoir ;

il faut marcher, il faut courir. C'est elle qui l'entraîne au plus épais de la mitraille, c'est à ses accents qu'il est vainqueur sans colère ou qu'il tombe sans murmure.

A côté de la patrie et du soldat, il y a quelque chose de plus imposant, de plus dominateur encore, c'est la religion et le prêtre. La musique atteint ces hauteurs comme toutes les autres. Là encore l'homme l'appelle à l'heure de ses plus profondes émotions. Elle lui répond, elle le soutient, elle le console, elle l'élève au-dessus de lui-même. Lorsque l'homme veut adresser à Dieu les plus belles paroles qui puissent se poser sur ses lèvres : *Gloria in excelsis; De profundis clamavi ad te, Domine; Domine, exaudi vocem meam*, il confie ces paroles à la musique. Et quand l'Église à son tour veut faire entendre au chrétien prosterné les menaces de la colère céleste ou l'associer aux plus saintes douleurs, elle entonne à pleine voix et fait résonner sur l'orgue le chant redoutable du *Dies iræ* ou l'incomparable lamentation du *Stabat mater dolo-rosa*. Le marbre est sous nos yeux, mais le marbre est scellé à la terre et semble y enchaî-ner nos regards ; la peinture est clouée sur la muraille et elle ne peut s'élever tout au plus que jusqu'à la voûte du temple ; la musique seule a des ailes, la musique seule peut prendre le cœur de l'homme tout entier, et, dans un essor que rien n'arrête, le porter jusqu'au trône de Dieu avec ses douleurs ou ses joies, ses supplications ou ses actions de grâce.

Enfin, messieurs, et j'ai fini, un dernier hommage attend la musique et n'appartient qu'à elle. L'homme se plaît à placer dans le ciel et à y faire revivre toutes ses affections. Il a besoin d'espérer qu'il y retrouvera ceux qu'il pleure et qu'une réunion sans fin le récompen-sera de la fidélité du regret. Mais pour ses plaisirs il est plus timide et il doit l'être. Il n'en ose associer aucun à ses visions les plus impar-faites de la béatitude future. La musique est donc plus et mieux qu'un plaisir, car l'homme a le droit de croire qu'il la retrouvera dans le ciel. Le langage le plus autorisé, le plus austère nous entretient, au pied même de l'autel, de l'éternel chœur des Anges et de l'ineffable cantique des Séraphins. Vos jeux à vous-mêmes, messieurs, sont bien innocents et bien purs. Pourtant, qui de vous aurait la hardiesse de transporter dans le paradis la cour des récréations ? Vous croiriez commettre une coupable irrévérence, et, sans nul doute, vous auriez raison. Cependant, j'ose vous l'affirmer, il y a un jeu dont vous pouvez commencer l'apprentissage à Combrée, que vous pourrez continuer légitimement durant tout le cours de votre vie et que vous achèverez dans le ciel, c'est le jeu sublime que vous enseigne ici M. Collmann.